regras para o parque humano

Peter Sloterdijk

regras para o parque humano
uma resposta à carta de Heidegger sobre o humanismo

tradução de
José Oscar de Almeida Marques
departamento de filosofia - unicamp

4ª edição

Estação Liberdade

Título original: *Regeln für den Menschenpark: Ein Antwortschreiben zu Heideggers Brief über den Humanismus*
© Suhrkamp Verlag, 1999
© Editora Estação Liberdade, 2000, 2018, para esta tradução

REVISÃO DA TRADUÇÃO Marcelo Rondinelli
PROJETO GRÁFICO Edilberto Fernando Verza e Antonio Kehl
COMPOSIÇÃO Pedro Barros / Estação Liberdade
CAPA Antonio Kehl
ILUSTRAÇÃO DA CAPA Lyonel Feininger: *Nächtliche Straße* (detalhe), 1929. Gemäldegalerie Neue Meister, Dresden

CIP-BRASIL. CATALOGAÇÃO NA PUBLICAÇÃO
SINDICATO NACIONAL DOS EDITORES DE LIVROS, RJ

S643r
4. ed.

Sloterdijk, Peter, 1947-
Regras para o parque humano : uma resposta à carta de Heidegger sobre o humanismo / Peter Sloterdijk ; tradução José Oscar de Almeida Marques. - 4. ed. - São Paulo : Estação liberdade, 2018.
64 p. ; 21 cm.

Tradução de: Regeln für den menschenpark
ISBN 978-85-7448-021-3

1. Filosofia alemã. 2. Filosofia moderna. 3. Humanismo. I. Marques, José Oscar de Almeida. II. Título.

18-51682   CDD: 144
               CDU: 111.12

Vanessa Mafra Xavier Salgado - Bibliotecária - CRB-7/6644
08/08/2018   10/08/2018

Todos os direitos reservados à Editora Estação Liberdade. Nenhuma parte da obra pode ser reproduzida, adaptada, multiplicada ou divulgada de nenhuma forma (em particular por meios de reprografia ou processos digitais) sem autorização expressa da editora, e em virtude da legislação em vigor.

Esta publicação segue as normas do Acordo Ortográfico da Língua Portuguesa, Decreto nº 6.583, de 29 de setembro de 2008.

EDITORA ESTAÇÃO LIBERDADE LTDA.
Rua Dona Elisa, 116 — Barra Funda — 01155-030
São Paulo – SP — Tel.: (11) 3660 3180
www.estacaoliberdade.com.br

Livros, observou certa vez o escritor Jean Paul, são cartas dirigidas a amigos, apenas mais longas. Com esta frase ele explicitou precisamente, de forma graciosa e quintessencial, a natureza e a função do humanismo: a comunicação propiciadora de amizade realizada à distância por meio da escrita. O que desde os dias de Cícero se chama *humanitas* faz parte, no sentido mais amplo e no mais estrito, das consequências da alfabetização. Desde que existe como gênero literário, a filosofia recruta seus seguidores escrevendo de modo contagiante sobre amor e amizade. Ela é não apenas um discurso sobre o amor à sabedoria, mas também quer impelir outros a esse amor. Que a filosofia escrita tenha logrado manter-se contagiosa desde seus inícios, há mais de 2.500 anos, até hoje, deve-se ao êxito de sua capacidade de fazer amigos por meio do texto. Ela prosseguiu sendo escrita como uma corrente de cartas ao longo das gerações, e, apesar de todos os erros de cópia, talvez até mesmo por causa desses erros, ela atraiu os copistas e intérpretes para seu círculo de amigos.

Nessa corrente de cartas, o elo mais importante foi sem dúvida a recepção da mensagem grega pelos romanos, pois só a recepção romana abriu o texto grego para o Império, tornando-o acessível, pelo menos indiretamente, após a queda da Roma ocidental, às culturas europeias posteriores. Os autores gregos teriam certamente se surpreendido com o tipo de amigos que suas cartas alcançariam um dia. Faz parte das regras do jogo da cultura escrita que os remetentes não possam antever seus reais destinatários; não obstante, os autores lançam-se à aventura de pôr suas cartas a caminho de amigos não identificados. Sem a inscrição da filosofia grega em rolos escritos transportáveis, as mensagens de longa distância a que chamamos tradição jamais poderiam ter sido remetidas; mas, sem os leitores gregos que se puseram à disposição dos romanos como ajudantes para a decifração das cartas da Grécia, mesmo esses romanos não teriam sido capazes de estabelecer amizade com os remetentes daqueles escritos. A amizade que se dá à distância precisa, portanto, de ambos – das próprias cartas e de seus propagadores ou intérpretes. Além disso, sem a disposição dos leitores romanos de entabular amizade com as mensagens dos gregos, teria havido uma falta de destinatários, e se os romanos não tivessem aderido ao jogo com sua notável receptividade, as mensagens gregas jamais teriam alcançado a área da Europa ocidental na qual ainda vivem os que hoje se interessam pelo humanismo. Não teriam existido nem o fenômeno do humanismo nem, em suma, uma forma séria de discurso filosófico em latim e tampouco culturas filosóficas posteriores em línguas vernáculas. Se hoje aqui se discutem assuntos humanos em língua alemã, esta possibilidade deve-se em boa parte à disposição dos romanos de ler os escritos dos mestres gregos como se fossem cartas a amigos na Itália.

Quando se consideram as extraordinárias consequências da correspondência greco-romana, fica evidente o papel especial desempenhado pela escrita, envio e recepção de textos filosóficos. Obviamente, o remetente desse gênero de cartas de amizade envia seus escritos ao mundo sem conhecer os destinatários – ou, caso os conheça, está consciente de que o envio das cartas os ultrapassa e consegue criar uma multiplicidade indeterminada de oportunidades de estreitar amizades com leitores anônimos, muitas vezes ainda nem nascidos. Na perspectiva erotológica, a hipotética amizade dos escritores de livros e de cartas com os receptores de suas mensagens representa um caso de amor à distância – e isto exatamente no sentido de Nietzsche, que sabia que a escrita é o poder de transformar o amor ao próximo ou ao que está mais próximo no amor à vida desconhecida, distante, ainda vindoura. A escrita não só estabelece uma ponte telecomunicativa entre amigos manifestos vivendo espacialmente distantes um do outro no momento do envio da correspondência, mas também põe em marcha uma operação rumo ao que não está manifesto: ela lança uma sedução ao longe, uma *actio in distans*, no idioma da magia da antiga Europa, com o objetivo de revelar o amigo desconhecido enquanto tal e levá-lo a ingressar no círculo de amigos. De fato, o leitor que se expõe a essa carta mais longa pode entender o livro como um convite, e, caso se entusiasme pela leitura, apresentar-se então ao círculo dos destinatários para lá dar testemunho do recebimento da mensagem.

Poder-se-ia, por conseguinte, remeter o *phantasma* comunitário subjacente a todos os humanismos ao modelo de uma sociedade literária na qual os participantes descobrem, por meio de leituras canônicas, seu amor comum por remetentes inspiradores. Encontramos, no núcleo do humanismo assim entendido, a fantasia de uma seita ou clube – o sonho da predestinada solidariedade dos que foram eleitos para saber ler. Para o Velho Mundo, e mesmo até a véspera dos modernos Estados nacionais, saber ler significava de fato algo como a participação em uma elite cercada de mistérios – o conhecimento de gramática equivalia antigamente, em muitos lugares, à mais pura feitiçaria, e, de fato, já no inglês medieval, a palavra *glamour*[1] desenvolve-se a partir de *grammar*: para quem sabe ler e escrever, outras coisas impossíveis serão igualmente fáceis. No início, os humanizados não são mais que a seita dos alfabetizados, e, como em muitas outras seitas, também nesta despontam projetos expansionistas e universalistas. Onde o alfabetismo tornou-se fantástico e imodesto, lá se produziu a mística gramatical ou literal, a cabala, que busca delirantemente obter um *insight* sobre o modo de escrever do Criador do mundo.[2] Onde, porém, o humanismo tornou-se pragmático e programático, como na ideologia ginasial dos Estados nacionais burgueses nos séculos XIX e XX, o padrão da sociedade literária ampliou-se para norma da

---

1. A expressão para "magia" emerge da palavra para "gramática". [*glamour*, originalmente com o sentido de "encantamento", "feitiço", provém de *glammar*, variante por dissimilação de *grammar*, no sentido de "conhecimento oculto". – N.T.]
2. Que o mistério da vida esteve estreitamente ligado ao fenômeno da escritura é a grande intuição da lenda do Golem. Cf. Moshe Idel, *Le Golem*, Paris, 1992; no prefácio para esse livro, Henri Atlan refere-se ao relatório de uma comissão instalada pelo presidente dos EUA intitulado *Splicing Life: The Social and Ethical Issue of Genetic Engineering with Human Beings*, 1982, cujos autores citam a lenda do Golem.

sociedade política. Dali em diante, os povos se organizaram como membros plenamente alfabetizados de associações compulsórias de amizade, que se filiavam, em cada território nacional, a um cânon obrigatório de leitura. Ao lado dos autores da Antiguidade comuns à Europa mobilizam-se agora também os clássicos nacionais e modernos, cujas cartas ao público são alçadas pelo mercado editorial e pelas escolas superiores ao papel de efetivos impulsos na criação das nações. Pois o que são as nações modernas senão eficazes ficções de públicos leitores que teriam se transformado, pelos mesmos escritos, em uma associação concordante de amigos? O serviço militar obrigatório universal para jovens do sexo masculino e a leitura obrigatória universal dos clássicos para jovens de ambos os sexos caracterizam a época burguesa clássica, isto é, aquela era da humanidade armada e dedicada à leitura, para a qual os novos e velhos conservadores de hoje olham nostálgicos e ao mesmo tempo impotentes, totalmente incapazes de dar conta, em termos da teoria dos meios de comunicação, do sentido de um cânon de leitura – quem quiser uma visão atual sobre isto pode verificar quão precários foram os resultados obtidos em um debate nacional ocorrido recentemente na Alemanha sobre a alegada necessidade de um novo cânon literário.

De fato, de 1789 a 1945, os nacional-humanismos livrescos estiveram em seu ápice; vicejava em seu meio, vaidosa e consciente de seu poder, a casta dos filólogos clássicos e modernos, que se sabiam incumbidos da tarefa de iniciar os descendentes no círculo dos receptores das longas cartas paradigmáticas. O poder dos professores, nesse tempo, e o papel-chave dos filólogos fundavam-se em seu conhecimento privilegiado dos autores que deviam ser considerados como remetentes de escritos fundadores da comunidade. O humanismo burguês, substancialmente, não foi mais que o pleno poder de impingir os clássicos à mocidade e reivindicar o valor universal das leituras nacionais.[3] Nesse sentido, as próprias nações burguesas seriam até certo grau produtos literários e postais – ficções de uma predestinada amizade com compatriotas distantes e leitores congregados pelo puro e simples fascínio do conjunto de seus próprios autores.

Se essa época parece hoje irremediavelmente esgotada, não é porque os homens, levados por um ânimo decadente, não mais estivessem dispostos a cumprir sua tarefa literária nacional; a época do humanismo nacional-burguês chegou ao fim porque a arte de escrever inspiradoras cartas de amor a uma nação de amigos, ainda que fosse exercida da

---

3. Claro que também o valor nacional das leituras universais.

maneira mais profissional possível, já não bastaria para atar os laços telecomunicativos entre os habitantes de uma moderna sociedade de massas. Com o estabelecimento midiático da cultura de massas no Primeiro Mundo em 1918 (radiodifusão) e depois de 1945 (televisão) e mais ainda pela atual revolução da Internet, a coexistência humana nas sociedades atuais foi retomada a partir de novas bases. Essas bases, como se pode mostrar sem esforço, são decididamente pós-literárias, pós-epistolares e, consequentemente, pós-humanistas. Quem considera demasiado dramático o prefixo "pós-" nas formulações acima poderia substituí-lo pelo advérbio "marginalmente" – de forma que nossa tese diz: é apenas marginalmente que os meios literários, epistolares e humanistas servem às grandes sociedades modernas para a produção de suas sínteses políticas e culturais. A literatura de modo algum chegou ao fim por causa disso; mas diferenciou-se em uma subcultura *sui generis*, e os dias de sua supervalorização como portadora dos espíritos nacionais estão findos. A síntese social não é mais – nem mesmo em aparência – algo em que livros e cartas tenham papel predominante. Nesse meio tempo, novos meios de telecomunicação político-cultural assumiram a liderança, reduzindo a uma modesta medida o esquema das amizades nascidas da escrita. A era do humanismo moderno como modelo de escola e de formação terminou porque não se sustenta mais a ilusão de que grandes estruturas políticas e econômicas possam ser organizadas segundo o amigável modelo da sociedade literária.

O desmantelamento dessa ilusão, que foi reconhecido o mais tardar desde a Primeira Guerra Mundial pelos ainda formados no humanismo, tem uma história peculiarmente dilatada, marcada por meias-voltas e distorções. Pois, justamente no estridente término da era nacional-humanista, nos tão sombrios anos após 1945, o modelo humanista experimentaria mais uma vez uma florescência tardia; tratou-se aí de uma renascença planejada e reativa, que forneceu o padrão para todas as pequenas reanimações do humanismo desde então. Não fosse o pano de fundo tão escuro, dever-se-ia falar de um surto de fantasias e autoilusões. Nos ânimos fundamentalistas dos anos pós-1945, para muitos, e por motivos compreensíveis, não era suficiente retornar dos horrores da guerra para uma sociedade que mais uma vez se apresentasse como um público pacificado de amigos da leitura – como se uma juventude goetheana pudesse fazer esquecer uma juventude hitlerista. Naquele momento, parecia para muitos absolutamente indispensável, ao lado das recém-instauradas leituras romanas, retomar também as segundas, as leituras bíblicas básicas dos europeus, e evocar os fundamentos do recém-descoberto Ocidente no humanismo cristão. Esse neo-humanismo que desesperadamente volta os olhos para Roma passando por Weimar foi um sonho de salvação da alma europeia por meio de uma bibliofilia radicalizada – um entusiasmo melancólico-esperançoso pelo poder civilizador e humanizador da leitura clássica – se, por um momento, nos dermos a liberdade de conceber Cícero e Cristo lado a lado como clássicos.

Nesses humanismos do pós-guerra, por mais que possam ter nascido de ilusões, trai-se todavia um motivo sem o qual a tendência humanista não se deixa jamais compreender inteiramente, nem nos dias dos romanos, nem na era dos modernos Estados nacionais burgueses: o humanismo, como palavra e como assunto, sempre tem um "contra quê", uma vez que constitui o empenho para retirar o ser humano da barbárie. É fácil entender por que as eras que tiveram suas experiências particulares com o potencial bárbaro que se libera nas interações de força entre os homens são justamente as épocas em que o chamado ao humanismo costuma ficar mais forte e mais premente. Quem hoje se questiona sobre o futuro da humanidade e dos meios de humanização deseja essencialmente saber se subsiste alguma esperança de dominar as atuais tendências embrutecedoras entre os homens. Quanto a isto, tem uma perturbadora importância o fato de que o embrutecimento, hoje e sempre, costuma ocorrer exatamente quando há grande desenvolvimento do poder, seja como rudeza imediatamente bélica e imperial, seja como bestialização cotidiana das pessoas pelos entretenimentos desinibidores da mídia. Para ambas as coisas, os romanos forneceram os modelos que marcaram a Europa – de um lado com seu militarismo onipenetrante, de outro com sua futurista indústria de entretenimento à base de espetáculos sangrentos. O tema latente do humanismo é, portanto, o desembrutecimento do ser humano, e sua tese latente é: as boas leituras conduzem à domesticação.

O fenômeno do humanismo hoje merece atenção antes de mais nada porque nos recorda – embora de forma velada e tímida – que as pessoas na cultura elitizada estão submetidas de forma constante e simultânea a dois poderes de formação – vamos aqui denominá-los, para simplificar, influências inibidoras e desinibidoras. Faz parte do credo do humanismo a convicção de que os seres humanos são "animais influenciáveis" e de que é portanto imperativo prover-lhes o tipo certo de influências. A etiqueta "humanismo" recorda – de forma falsamente inofensiva – a contínua batalha pelo ser humano que se produz como disputa entre tendências bestializadoras e tendências domesticadoras.

Na época de Cícero, ambos os poderes de influência ainda são fáceis de identificar, pois cada um deles possui sua mídia característica. Quanto às influências bestializadoras, os romanos já tinham instalado a mais bem-sucedida rede de meios de comunicação de massa do mundo antigo, com seus anfiteatros, seu açulamento de animais, seus combates de gladiadores até a morte e seus espetáculos de execuções. Nos estádios vociferantes ao redor do Mediterrâneo, o desinibido *homo inhumanus* divertiu-se à larga como nunca dantes e só muito raramente depois.[4] Durante a época do Império, a provisão de fascínios bestializadores para as massas romanas havia se tornado uma técnica de dominação indispensável, rotineiramente aprimorada, e que, graças à fórmula "pão e circo" de Juvenal, persiste até hoje na memória. Só se pode entender o humanismo antigo se o apreendermos também como uma tomada de partido em um conflito de mídias – isto é, como a resistência do livro contra o anfiteatro e como oposição da leitura filosófica humanizadora, provedora de paciência e criadora de consciência, contra as sensações e embriaguez

---

4. Só com os filmes do gênero *Massacre da serra elétrica* é que se consumou a aproximação da moderna cultura de massas do nível de consumo de bestialidades dos antigos. Ver Marc Edmundson, *Nightmare on Mainstreet. Angels, Sadomasochism and the Culture of the American Gothic*, Cambridge, MA, 1997.

desumanizadoras e impacientemente arrebatadoras dos estádios. O que os romanos cultos chamavam *humanitas* seria impensável sem a exigência de abster-se da cultura de massas dos teatros da crueldade. Se o próprio humanista se perder alguma vez em meio à multidão vociferante, que seja tão somente para constatar que também ele é um ser humano e pode, por isso, ser contagiado pela bestialização. Ele retorna do teatro para casa, envergonhado por ter compartilhado involuntariamente as contagiantes sensações, e está agora disposto a admitir que nada de humano lhe é estranho. Mas o que se diz com isso é que a humanidade consiste em escolher, para o desenvolvimento da própria natureza, as mídias domesticadoras, e renunciar às desinibidoras. O sentido dessa escolha de meios consiste em desabituar-se da própria bestialidade em potencial, e pôr distância entre si e a escalada desumanizadora dos urros do teatro.

Estas considerações deixam claro que a questão do humanismo significa mais que a bucólica suposição de que a leitura forma. Ela envolve nada menos que uma antropodiceia – isto é, uma definição do ser humano em face de sua abertura biológica e de sua ambivalência moral. Acima de tudo, porém, a questão de como o ser humano poderia se tornar um ser humano verdadeiro ou real está daqui em diante inevitavelmente colocada como uma questão de mídia, se entendermos por mídias os meios comunitários e comunicativos pelos quais os homens se formam a si mesmos para o que podem, e o que vão, se tornar.

* * *

No outono de 1946 – no momento mais miserável da crise europeia do pós-guerra – o filósofo Martin Heidegger escreveu seu célebre artigo sobre o humanismo – um texto que também se poderia entender, à primeira vista, como uma carta mais longa a amigos. Mas o método de entabular amizade de que essa carta procurou se valer não foi mais, simplesmente, o da comunicação estética burguesa, e o conceito de amizade de que se utilizou essa notável missiva filosófica não foi tampouco o da comunhão entre um público nacional e seus clássicos. Heidegger sabia, ao redigir essa carta, que tinha de falar com voz frágil ou escrever com mão hesitante, e que a harmonia preestabelecida entre o autor e seus leitores não mais poderia, sob nenhuma perspectiva, ser presumida como previamente estabelecida. Não era nem certo, para ele, àquela época, se ainda possuía de fato amigos e, caso ainda os possuísse, a base dessas amizades teria de ser redefinida para além de tudo o que tinha valido até então, na Europa e nas nações, como fundamento para a amizade entre pessoas cultas. Uma coisa pelo menos é clara: o que o filósofo pôs no papel naquele outono de 1946 não foi nenhum discurso à própria nação, tampouco um discurso para uma Europa futura; foi uma tentativa ambígua e ao mesmo tempo cuidadosa e corajosa do autor de imaginar mais uma vez um receptor disposto a receber sua mensagem – e disso originou-se, muito estranhamente para um homem do temperamento regionalista de Heidegger, uma carta para um estrangeiro: um amigo potencial à distância, um pensador jovem que tinha tomado a liberdade, durante a ocupação da França pelos alemães, de deixar-se entusiasmar por um filósofo alemão.

Uma nova técnica de angariar amigos, portanto? Uma forma alternativa de correspondência? Um novo modo de aglutinar companheiros de convicção e de reflexão em torno de um escrito lançado ao largo? Outra tentativa de humanização? Outro contrato social entre portadores de uma reflexão desabrigada e não mais nacional-humanista? Os adversários de Heidegger naturalmente não perderam a oportunidade de alertar que o esperto homenzinho de Meßkirch havia instintivamente agarrado a primeira chance que se oferecera depois da guerra para agir em prol de sua reabilitação: assim, ele teria astutamente aproveitado a gentileza de um de seus admiradores franceses para escapar das águas da dubiedade política rumo às terras altas da reflexão mística. Estas suspeitas podem soar sugestivas e acertadas, mas perdem de vista o acontecimento intelectual e de estratégia comunicativa que representou essa investigação sobre o humanismo, dirigida primeiramente a Jean Beaufret, em Paris, depois publicada e traduzida por conta do autor. Pois, ao expor e interrogar nesse escrito, que pretendia ter a forma de uma carta, as condições do humanismo europeu, Heidegger inaugurou um campo de pensamento trans-humanista ou pós-humanista[5] no qual se tem movido desde então uma parte essencial da reflexão filosófica sobre o ser humano.

Heidegger retoma de um escrito de Jean Beaufret principalmente a seguinte formulação: *Comment redonner un sens au mot 'humanisme'?* A carta ao jovem francês contém uma leve reprimenda ao inquiridor, que transparece claramente nas duas respostas imediatas:

> *Essa pergunta decorre do intento de preservar a palavra 'humanismo'. Eu me pergunto se isso é necessário. Ou já não é suficientemente óbvio o desastre que todos os títulos desse tipo preparam? (...)*

---

5. Esse gesto escapou àqueles que gostariam de ver na onto-antropologia de Heidegger algo como um "anti-humanismo"; uma formulação tola que sugere uma forma metafísica de misantropia.

Sua pergunta não apenas pressupõe que a palavra 'humanismo' deve ser mantida, mas também contém a admissão de que essa palavra perdeu seu sentido.
(Über den Humanismus, 1949, 1981, pp. 7, 35)

Com isto já se torna manifesta uma parte da estratégia de Heidegger: a palavra "humanismo" deve ser abandonada se a genuína tarefa intelectual, que na tradição humanística ou metafísica pretende aparecer como já resolvida, tiver de ser novamente experimentada em sua simplicidade e inevitabilidade originais. Falando mais precisamente: para que exaltar novamente o ser humano e seu autorretrato filosófico padrão como solução no humanismo, se a catástrofe do presente acaba de mostrar que o problema é o próprio ser humano, com seus sistemas metafísicos de autoelevação e autoexplicação? Essa retificação da pergunta de Beaufret não está desprovida de uma malícia magistral, porque, à maneira socrática, ela defronta o estudante com a falsa resposta contida na questão. Ao mesmo tempo, ela vem acompanhada de seriedade intelectual, porque os três principais remédios na crise europeia de 1945 – cristianismo, marxismo e existencialismo – são caracterizados lado a lado como variedades do humanismo que só diferem entre si na estrutura superficial: mais precisamente, como três modos de evitar a radicalidade última da questão sobre a essência do ser humano.

Heidegger oferece-se para pôr um fim à imensurável omissão do pensamento europeu – a saber, não ter levantado a questão sobre a essência do ser humano da única maneira apropriada, que, para ele, é a maneira existencial-ontológica; pelo menos o autor indica sua disposição, por mais provisórias que sejam as inflexões pelas quais a questão vem à tona, de abordá-la finalmente em sua forma correta. Com esses rodeios aparentemente modestos, Heidegger deixa expostas consequências abaladoras: o humanismo, em suas formas antiga, cristã e iluminista, é declarado responsável por uma interrupção de dois mil anos no pensamento; é censurado por ter obstruído, com suas interpretações apressadas e aparentemente evidentes e indiscutíveis da essência do ser humano, o surgimento da genuína questão sobre essa essência. Heidegger explica que sua obra a partir de *Ser e tempo* se volta contra o humanismo não porque este tenha sobrevalorizado a *humanitas*, mas porque não lhe atribuiu um valor suficientemente elevado (*Ü. d. H.*, p. 21). Mas o que significa atribuir um valor suficientemente elevado à essência do ser humano? Significa, em primeiro lugar, renunciar a uma habitual e errônea subestimação. A questão sobre a essência do ser humano não entra no rumo certo até que nos afastemos da mais velha, mais obstinada e mais perniciosa das práticas da metafísica europeia: definir o ser humano como *animal rationale*. Nessa interpretação da essência do homem, este continua a ser entendido como uma *animalitas* expandida por adições espirituais. Contra isso revolta-se a análise existencial-ontológica de Heidegger, pois, para ele, a essência do ser humano não pode jamais ser expressa em uma perspectiva zoológica ou biológica, mesmo que a ela se acresça regularmente um fator espiritual ou transcendente.

Nesse ponto, Heidegger é inexorável, caminhando entre o animal e o ser humano como um anjo colérico com espada em riste para impedir qualquer comunhão ontológica entre ambos. Sua paixão antivitalística e antibiológica leva-o a observações quase histéricas, como quando declara, por exemplo, que aparentemente "é como se a essência do divino estivesse mais próxima de nós que a desconcertante essência dos seres vivos" (*Ü. d. H.*, p. 17). No núcleo desse *pathos* antivitalístico, atua a ideia de que existe entre o homem e o animal não uma diferença de gênero ou de espécie, mas uma diferença ontológica, razão pela qual o primeiro não pode ser concebido sob nenhuma circunstância como um animal com algum acréscimo cultural ou metafísico. Além disso, o próprio modo de ser dos humanos distingue-se do de todos os outros seres vegetais e animais de forma essencial, e segundo a característica ontológica fundamental, pois o ser humano tem um mundo e está no mundo (*Welt*), enquanto plantas e animais estão atrelados apenas a seus respectivos ambientes (*Umwelten*).

Se há um fundamento filosófico para se falar da dignidade do ser humano, então é porque justamente o homem é chamado pelo próprio ser e – como Heidegger enquanto filósofo pastoral gosta de dizer – escolhido para sua guarda. Por isso os homens possuem a linguagem; mas a finalidade precípua dessa posse, segundo Heidegger, não é apenas entender-se e domesticar-se mutuamente nesses entendimentos.

> *A linguagem é antes a casa do ser; ao morar nela o homem existe* [ek-sistiert], *à medida que compartilha a verdade do ser, guardando-a. O que importa, portanto, na definição da humanidade do ser humano enquanto existência* [Ek-sistenz], *é que o essencial não é o ser humano, mas o ser como a dimensão do extático da existência.*
> (Ü. d. H., p. 24)

Ao ouvir essas formulações em princípio herméticas, começamos a perceber por que a crítica heideggeriana ao humanismo está tão certa de não conduzir a um inumanismo. Pois ao mesmo tempo em que rejeita as alegações do humanismo de já ter explicado suficientemente a essência do homem, e contrapõe a isso sua própria ontoantropologia, Heidegger preserva entretanto, indiretamente, a função mais importante do humanismo clássico, que é o estabelecimento de amizade do ser humano pela palavra do outro; na verdade, ele radicaliza esse motivo de amizade e o transfere do campo pedagógico para o centro da consciência ontológica.

Esse é o sentido da frequentemente citada e muito ridicularizada descrição do ser humano como o pastor do ser. Ao usar imagens do domínio da pastoral e do idílio, Heidegger está falando da tarefa do ser humano, que é sua essência, e da essência do ser humano, da qual sua tarefa se origina: a saber, guardar o ser, e corresponder ao ser. É certo que o homem não guarda o ser como o doente guarda o leito, mas antes como um pastor guarda seu rebanho na clareira, com a importante diferença de que aqui, em vez de um rebanho de animais, é o mundo que deve ser serenamente percebido como circunstância aberta – e, mais ainda, que essa guarda não constitui uma tarefa de vigilância livremente escolhida no interesse próprio, mas que é o próprio ser que emprega os homens como guardiães. O local em que esse emprego é válido é a clareira (*Lichtung*), ou o lugar onde o ser surge como aquilo que é.

O que dá a Heidegger a certeza de ter apreendido e sobrepujado o humanismo com essa mudança de rumo é a circunstância de que ele inclui o ser humano – concebido como clareira do ser – em uma domesticação e estabelecimento de amizade que vão mais fundo do que jamais poderiam alcançar qualquer desembrutecimento humanista e qualquer amor cultivado pelos textos que falam de amor. Ao definir os seres humanos como pastores e vizinhos do ser, e ao chamar a linguagem de casa do ser, Heidegger vincula o homem ao ser em uma correspondência que lhe impõe uma restrição radical e o confina – o pastor – nas proximidades ou cercanias da casa; ele o expõe a uma conscientização que requer uma imobilidade e uma servidão resignada maiores que as jamais conseguidas pela mais ampla formação. O ser humano é submetido a uma restrição extática que tem maior alcance que a civilizada imobilidade do leitor obediente ao texto diante do discurso clássico. O autocontido habitar heideggeriano na casa da linguagem define-se como uma escuta paciente e às escondidas do que será dado ao próprio ser dizer. Invoca-se um estar-à--escuta-do-que-se-passa-ao-redor que deve tornar o ser humano mais quieto e mais domesticado que o humanista ao ler os clássicos. Heidegger quer um homem mais servil do que o seria um mero bom leitor. Seu desejo seria instituir um processo de estabelecimento de amizade no qual ele próprio não mais seria recebido apenas como um clássico ou um autor entre outros; o melhor acabaria sendo, por ora, que o público – que naturalmente só pode consistir de alguns poucos homens perspicazes – tomasse conhecimento de que, por intermédio dele, enquanto mentor da pergunta sobre o ser, o próprio ser tenha novamente começado a falar.

Com isso, Heidegger eleva o ser ao papel de autor exclusivo de todas as cartas essenciais e nomeia a si mesmo como seu presente relator. Quem fala a partir de tal posição pode também anotar balbucios e publicar silêncios. O ser envia, assim, as cartas cruciais; mais exatamente, ele faz acenos a amigos com presença de espírito, a vizinhos receptivos, a quietos pastores reunidos; contudo, tanto quanto podemos ver, nenhuma nação, e nem mesmo escolas alternativas, se formam do círculo desses copastores e amigos do ser – em boa medida porque não pode haver nenhum cânon público dos acenos do ser – a menos que deixássemos a *opera omnia* de Heidegger valer, até segunda ordem, como padrão e voz do superautor anônimo.

Em face dessas obscuras comunhões, fica totalmente vago, na falta de maiores explicações, como se poderia erigir uma sociedade de vizinhos do ser; até que surja algo mais nítido, ela deve ser concebida como uma igreja invisível de indivíduos dispersos, dos quais cada um a seu modo escuta às escondidas o assombroso e espera as palavras nas quais se expressa o que a própria linguagem concede ao falante dizer.[6] É ocioso entrar aqui em maiores detalhes sobre o caráter criptocatólico das figuras de meditação heideggerianas. Decisivo, agora, é apenas o fato de que a crítica de Heidegger ao humanismo propaga uma mudança de atitude que dirige o homem para uma ascese reflexiva que vai bem mais longe que todas as metas de educação humanistas. Somente por força dessa ascese poderia formar-se, para além dos moldes da agremiação humanista literária, uma sociedade de reflexivos; essa seria uma sociedade de homens que afastariam o homem do centro, porque teriam compreendido que só existem como "vizinhos do ser" – não como obstinados proprietários de imóveis ou como inquilinos vitalícios de aposentos mobiliados. Para essa ascese, o humanismo em nada pode contribuir enquanto continuar se orientando pelo modelo dos homens fortes.

Falta aos amigos humanistas dos autores humanos a abençoada fraqueza, na qual o ser se mostra aos que foram tocados, chamados. Para Heidegger,

---

6. De resto, é igualmente pouco claro como seria uma sociedade só de desconstrutivistas, ou uma sociedade só de discípulos de Lévinas, que dariam cada qual primazia ao sofrimento do outro.

esse intenso exercício ontológico de humildade não é alcançado por nenhum caminho que parta do humanismo; o que ele julga ver neste último é, mais propriamente, uma contribuição à história do armamento da subjetividade. De fato, Heidegger interpreta o mundo histórico da Europa como o teatro dos humanismos militantes; ele é o campo no qual a subjetividade humana leva a cabo, com fatídica consequência, sua tomada de poder sobre todos os seres. Sob essa perspectiva, o humanismo se oferece como cúmplice natural de todos os possíveis horrores que podem ser cometidos em nome do bem humano. Mesmo na trágica titanomaquia da metade do século entre o bolchevismo, o fascismo e o americanismo exibiram-se, na visão de Heidegger, somente três variações dessa mesma força antropocêntrica[7] e três candidaturas a um domínio humanitariamente ornado do mundo – dentre as quais o fascismo errou o passo ao exibir mais abertamente que seus concorrentes seu desprezo por valores inibitórios pacíficos e educacionais. De fato, o fascismo é a metafísica da desinibição – talvez mesmo uma forma desinibida da metafísica. Na visão de Heidegger, o fascismo foi a síntese do humanismo e do bestialismo; isto é, a paradoxal confluência de inibição e desinibição.

---

7. Cf. Silvio Vietta, *Heideggers Kritik am Nationalsozialismus und der Technik*, Tübingen, 1989.

Diante desses monstruosos deslocamentos e rejeições, tornou-se aconselhável recolocar a questão do fundamento da domesticação e da formação do homem, e se a bucólica pastoral ontológica de Heidegger – que já em sua época soava estranha e escandalosa – hoje parece completamente anacrônica, ainda assim, apesar de seu caráter desagradável e de sua canhestra excentricidade, ela conserva o mérito de ter articulado a questão da época: o que ainda domestica o homem, se o humanismo naufragou como escola da domesticação humana? O que domestica o homem, se seus esforços de autodomesticação até agora só conduziram, no fundo, à sua tomada de poder sobre todos os seres? O que domestica o homem, se em todas as experiências prévias com a educação do gênero humano permaneceu obscuro quem – ou o quê – educa os educadores, e para quê? Ou será que a questão sobre o cuidado e formação do ser humano não se deixa mais formular de modo pertinente no campo das meras teorias da domesticação e educação?

Afastaremo-nos, a seguir, das instruções de Heidegger de nos deter na figura final do pensamento meditativo, para empreender a tentativa de caracterizar mais exatamente em termos históricos a clareira extática na qual o homem dá ouvidos às palavras do ser. Mostraremos que a permanência humana na clareira – em termos heideggerianos, o ficar-dentro (*Hineinstehen*) ou estar-preso-dentro (*Hineingehaltensein*) do ser humano na clareira do ser – não é de nenhuma maneira uma relação ontológica primitiva insuscetível de qualquer exame posterior. Existe uma história – resolutamente ignorada por Heidegger – da saída dos seres humanos para a clareira: uma história social da tangibilidade do ser humano pela questão do ser e uma movimentação histórica no escancaramento da diferença ontológica.

Deve-se falar aqui, de um lado, de uma história natural da serenidade, em virtude da qual o ser humano pôde se tornar o animal aberto e capaz para o mundo, e, de outro, de uma história social das domesticações, pelas quais os homens originalmente se experimentam como aqueles seres que se reúnem[8] para corresponder ao todo. A história real da clareira – da qual deve partir qualquer reflexão aprofundada sobre o ser humano que pretenda ir além do humanismo – consiste portanto de duas narrativas maiores que convergem em uma perspectiva comum, a saber, a explicação de como o animal *sapiens* se tornou o homem *sapiens*. A primeira delas dá conta da aventura da hominização. Ela narra como nos longos períodos da história pré-humana

---

8. Sobre o motivo da "reunião" cf. Manfred Schneider, "Kollekten des Geistes", *Neue Rundschau*, 1999, v. 2, p. 44 et seq.

primitiva surgiu do mamífero vivíparo humano um gênero de criaturas de nascimento prematuro que – se pudermos falar de forma tão paradoxal – saíram para seus ambientes com um excesso crescente de inacabamento animal. Aqui se consuma a revolução antropogenética – a ruptura do nascimento biológico, dando lugar ao ato do vir-ao-mundo. Dessa explosão, Heidegger – em sua obstinada reserva contra toda a antropologia, e em sua ânsia de preservar o ponto de partida ontologicamente puro no Estar-aí (*Dasein*) e no estar-no-mundo dos seres humanos – não toma nem de longe suficiente conhecimento. Pois o fato de que o homem pôde tornar-se o ser que está no mundo tem raízes na história da espécie, raízes que se deixam entrever pelos conceitos profundos da precocidade do nascimento, da neotenia e da imaturidade animalesca crônica do ser humano. O ser humano poderia até mesmo ser definido como a criatura que fracassou em seu ser-animal (*Tiersein*) e em seu permanecer-animal (*Tierbleiben*). Ao fracassar como animal, esse ser indeterminado tomba para fora de seu ambiente e com isso ganha o mundo no sentido ontológico. Esse vir-ao-mundo extático e essa "outorga" para o ser estão postas desde o berço para o ser humano como heranças históricas da espécie. Se o homem está-no-mundo, é porque toma parte de um movimento que o traz ao mundo e o abandona ao mundo. O homem é o produto de um hipernascimento que faz do lactente (*Säugling*) um habitante do mundo (*Weltling*).

Esse êxodo geraria apenas animais psicóticos se, com a chegada ao mundo, não se efetuasse ao mesmo tempo um movimento de entrada naquilo que Heidegger denominou "casa do ser". As linguagens tradicionais do gênero humano tornaram capaz de ser vivido o êxtase do estar-no-mundo, ao mostrar aos homens como esse estar no mundo pode ser ao mesmo tempo experimentado como estar-consigo--mesmo. Nessa medida, a clareira é um acontecimento nas fronteiras entre as histórias da natureza e da cultura, e o chegar-ao-mundo humano assume desde cedo os traços de um chegar-à-linguagem.[9]

Mas a história da clareira não pode ser desenvolvida apenas como narrativa da chegada dos seres humanos às casas das linguagens. Pois assim que os seres humanos falantes começam a viver juntos em grupos maiores e se ligam não só às casas da linguagem, mas também a casas construídas, eles ingressam no campo de força do modo de vida sedentário. Daí em diante, eles estão não apenas resguardados por sua linguagem, mas também domesticados por suas habitações. Erguem-se na

---

9. Apresentei em outro lugar em que medida se deve também levar em conta, e até mais ainda, um chegar-à-imagem do ser humano: Peter Sloterdijk, *Sphären I, Blasen*; *Sphären II, Globen*, Frankfurt, 1998, 1999.

clareira – como sua marca mais vistosa – as casas dos homens (com os templos de seus deuses e os palácios de seus senhores). Os historiadores da cultura deixaram evidente que, simultaneamente à adoção de hábitos sedentários, a relação entre homens e animais em seu todo adquiriu marcas completamente novas. Com a domesticação do ser humano pela casa começa, ao mesmo tempo, a epopeia dos animais domésticos. Ligá-los às casas dos homens não envolve, porém, apenas domesticação, mas também adestramento e criação.

O homem e os animais domésticos – a história dessa formidável coabitação ainda não recebeu um tratamento apropriado, e por isso mesmo os filósofos até hoje não souberam convir quanto a seu papel em meio a essa história.[10] Só em poucos lugares rasgou-se o véu do silêncio filosófico sobre a casa, os homens e o animal como complexo biopolítico, e o que então se ouviu foram vertiginosas referências a problemas que são, por enquanto, demasiado complexos para os seres humanos. Dentre eles, o

---

10. Algumas das poucas exceções devem-se à filósofa Elisabeth de Fontenay, com seu livro *Le silence des bêtes – La philosophie face à l'épreuve de l'animalité*, e ao filósofo e historiador da civilização Thomas Macho, com "Tier". In: Christoph Wulf (ed.), *Handbuch Historische Anthropologie*, Weinheim e Basileia, 1997, pp. 62-85 e, do mesmo autor, "Der Aufstand der Haustiere". In: Marina Fischer-Kowalski et al. *Gesellschaftlicher Stoffwechsel und Kolonisierung von Natur. Ein Versuch in Sozialer Ökologie*. Amsterdã, 1997, pp. 177-200.

menor é ainda a íntima conexão entre domesticidade e construção de teoria – pois se poderia perfeitamente chegar ao ponto de definir teoria como uma variedade de serviço doméstico ou, antes, como um tipo de lazer doméstico; pois a teoria, tal como aparece em suas antigas definições, assemelha-se a um olhar sereno para fora da janela: ela é sobretudo uma questão de contemplação, ao passo que na era moderna – desde que saber passou a significar poder – assumiu inequivocamente o caráter de trabalho. Nesse sentido, as janelas seriam as clareiras das paredes, por trás das quais as pessoas se transformaram em seres capazes de teorizar. Também os passeios a pé, nos quais movimento e reflexão se fundem, são derivados da vida doméstica. As mal-afamadas caminhadas meditativas de Heidegger por campos e bosques não deixam de ser movimentos típicos de quem tem uma casa atrás de si.

Contudo, quando fazemos a segura vida doméstica dar origem à clareira, estamos tocando apenas no aspecto mais inofensivo da humanização nas casas. A clareira é ao mesmo tempo um campo de batalha e um lugar de decisão e seleção. Quanto a isso, não mais importam as mudanças de rumo de uma pastoral filosófica. Lá onde há casas, deve-se decidir no que se tornarão os homens que as habitam; decide-se, de fato e por atos, que tipo de construtores de casas chegarão ao comando. Na clareira, mostra-se por quais posições os homens lutam, tão logo se destacam como seres construtores de cidades e produtores de riquezas. O que realmente vem ao caso aqui foi esboçado em angustiantes insinuações pelo mestre do pensamento perigoso, Friedrich Nietzsche, na terceira parte de *Assim falou Zaratustra*, sob o título "Da virtude apequenadora":

> *Pois ele (Zaratustra) quis informar-se sobre o que, nesse meio tempo, acontecera ao homem: se ele havia ficado maior ou menor. E vendo certa vez uma fileira de casas novas, admirou-se e disse: 'Que significam essas casas? Com certeza, não foi nenhuma grande alma que as ergueu, à sua semelhança! ...esses quartos e câmaras: podem homens entrar e sair deles?'*
>
> *
>
> *E Zaratustra parou e pensou. Finalmente, disse, entristecido: 'Tudo ficou menor!'*
> *Em todos os lugares, vejo portões mais baixos: quem é do meu porte provavelmente ainda consegue passar, mas – terá de se curvar!*
> *... Ando por entre esse povo mantendo os olhos abertos: eles se tornaram menores e ficam cada vez menores: –* nisso, contudo, consiste sua concepção de felicidade e virtude.
> *... Alguns deles querem; quanto à maioria, porém, outros querem por eles...*

> *... São redondos, corretos e bons uns com os outros, assim como grãos de areia são redondos, corretos e bons com grãos de areia.*
> *Abraçar modestamente uma pequena felicidade – a isso chamam 'resignação'! ...*
> *Querem no fundo ingenuamente uma coisa acima de tudo: que ninguém lhes faça mal...*
> *A virtude é para eles aquilo que torna modesto e domesticado: com ela fazem do lobo um cão, e dos próprios homens os melhores animais domésticos para os homens.*
>
> (KSA, vol. 4, pp. 211-214)

Nesta rapsódica sequência de frases oculta-se sem dúvida um discurso teórico sobre o ser humano como força domesticadora e criadora. Da perspectiva de Zaratustra, os homens da atualidade são acima de tudo uma coisa: bem-sucedidos criadores que conseguiram fazer do homem selvagem o último homem. É óbvio que tal feito não poderia ser realizado só com métodos humanistas de domesticação, adestramento e educação. A tese do ser humano como criador de seres humanos faz explodir o horizonte humanista, já que o humanismo não pode nem deve jamais considerar questões que ultrapassem essa domesticação e educação: o humanista assume o homem como dado de antemão e aplica-lhe então seus métodos de domesticação, treinamento e formação – convencido que está das conexões necessárias entre ler, estar sentado e acalmar.

Nietzsche, por outro lado – que leu com a mesma atenção Darwin e S. Paulo – julga perceber, atrás do desanuviado horizonte da domesticação escolar dos homens, um segundo horizonte, este mais sombrio. Ele fareja um espaço no qual lutas inevitáveis começarão a travar-se sobre o direcionamento da criação dos seres humanos – e é nesse espaço que se mostra a outra face, a face velada da clareira. Quando Zaratustra atravessa a cidade na qual tudo ficou menor, ele se apercebe do resultado de uma política de criação até então próspera e indiscutível: os homens conseguiram – assim lhe parece – com ajuda de uma hábil combinação de ética e genética, criar-se a si mesmos para serem menores. Eles próprios se submeteram à domesticação e puseram em prática sobre si mesmos uma seleção direcionada para produzir uma sociabilidade à maneira de animais domésticos. Dessa percepção se origina a peculiar crítica ao humanismo de Zaratustra, como rejeição da falsa inocuidade da qual se cerca o bom ser humano moderno. De fato, não seria inócuo que homens criassem homens com vistas à inocuidade. Nietzsche, com sua desconfiança contra toda a cultura humanista, insiste em arejar o mistério da domesticação do gênero humano e quer nomear explicitamente os que até agora detêm o monopólio de criação – os padres e professores, que se apresentam como amigos dos homens –, e quer trazer à luz sua função oculta, desencadeando uma disputa inovadora, no âmbito da história mundial, entre os diferentes criadores e os diferentes projetos de criação.

Esse é o conflito fundamental que Nietzsche postula para todo futuro: a luta entre os que criam o ser humano para ser pequeno e os que o criam para ser grande – poder-se-ia também dizer entre os humanistas e os super-humanistas, amigos do homem e amigos do "super-homem" [*Übermensch*]. O emblema do *Übermensch* não figura nas reflexões de Nietzsche como o sonho de uma rápida desinibição ou de uma evasão para a bestialidade – como julgavam nos anos 30 os maus leitores de Nietzsche calçados de botas. A expressão tampouco representa a ideia de uma criação regressiva do ser humano para um *status* anterior à época do animal doméstico ou do animal eclesiástico. Ao falar do *Übermensch*, Nietzsche tem em mente uma era muito além da atual.[11] Ele toma como medida os remotos processos milenários pelos quais, graças a um íntimo entrelaçamento de

---

11. Os leitores fascistas de Nietzsche obstinaram-se em desconhecer que em relação a eles e ao presente em geral trata-se apenas da diferença entre o demasiado humano e o humano.

criação, domesticação e educação, a produção de seres humanos foi até agora empreendida – um empreendimento, é verdade, que soube manter-se em grande parte invisível e que, sob a máscara da escola, visava ao projeto de domesticação.

Com estas insinuações – e mais que simplesmente insinuar não é, neste campo, nem possível, nem lícito –, Nietzsche demarca um terreno gigantesco dentro do qual deverá se realizar a definição do ser humano do futuro, independentemente de o recurso ao conceito de *Übermensch* nela desempenhar ou não um papel. Pode muito bem ser que Zaratustra tenha sido a máscara discursiva de uma histeria filosofante cujos efeitos contagiosos se tenham hoje, e talvez para sempre, desvanecido. Mas o discurso sobre a diferença e a relação entre domesticação e criação, e qualquer referência à aurora de uma consciência quanto à produção de seres humanos e, de maneira mais ampla, de antropotécnicas – isto são processos dos quais o pensamento atual não pode desviar os olhos, a menos que se queira, novamente, aceder à suposição de inocuidade. É provável que Nietzsche tenha ido um pouco longe demais ao propalar a sugestão de que a transformação do homem em animal doméstico foi o trabalho premeditado de uma associação pastoril de criadores, isto é, um projeto do clero, do instinto paulino que fareja tudo o que no homem poderia resultar em voluntariedade e autonomia e contra o qual imediatamente faz uso de métodos de apartação e mutilação. Esse foi certamente um pensamento híbrido, de um lado porque concebe o processo de criação potencial como de muito curto prazo – como se bastassem algumas gerações de domínio dos padres para transformar lobos em cães e homens primitivos em professores de Basileia[12]; ele é ainda mais híbrido, porém, porque supõe um planejador quando se deveria antes contar com uma criação sem criadores, um impulso biocultural sem sujeito. Contudo, mesmo após subtrair os momentos de exagero e de anticlericalismo suspeito, resta na ideia de Nietzsche um cerne suficientemente sólido para estimular uma reflexão posterior sobre a humanidade para além da inocuidade humanista.

Reconhecer que a domesticação do ser humano é o grande impensado, do qual o humanismo desde a Antiguidade até o presente desviou os olhos, é o bastante para afundarmos em águas profundas. Onde não pudermos mais ficar em pé, lá nos assoma à cabeça a evidência de que a domesticação e amicalização educacionais do ser humano não poderiam, em nenhuma época, ser alcançadas só

---

12. Sobre a gênese do cão, neotenia, etc., ver Dany-Robert Dufour, *Lettres sur la nature humaine à l'usage des survivants*, Paris, 1999.

com o alfabeto. Certamente, a leitura (*Lesen*) teve um imenso poder na formação humana – e, em dimensões mais modestas, continua a tê-lo; a seleção (*Auslesen*), contudo – seja como for que tenha sido levada a cabo – sempre funcionou como a eminência parda por trás do poder. Lições e seleções têm mais a ver entre si do que qualquer historiador da cultura quis ou pôde levar em conta e, ainda que nos pareça impossível por ora reconstruir de forma suficientemente precisa a conexão entre leitura e seleção, considerar que essa conexão, enquanto tal, possui algo de real, é mais que uma simples hipótese descompromissada.

A própria cultura da escrita produziu – até a alfabetização universal recentemente imposta – fortes efeitos seletivos: ela fraturou profundamente as sociedades que a hospedavam e cavou entre as pessoas letradas e iletradas um fosso cuja intransponibilidade alcançou quase a rigidez de uma diferença de espécie. Se quiséssemos, contrariamente às advertências de Heidegger, falar mais uma vez em termos antropológicos, os homens dos tempos históricos poderiam ser definidos como aqueles animais dos quais alguns sabem ler e escrever e outros não. Daqui, é só um passo, ainda que ambicioso, para a tese de que os homens são animais dos quais alguns dirigem a criação de seus semelhantes enquanto os outros são criados – um pensamento que desde as reflexões de Platão sobre a educação e o Estado faz parte do folclore pastoral dos europeus. Algo semelhante ecoa na afirmação de Nietzsche acima citada, de que, dentre os homens nas pequenas casas, alguns poucos querem; quanto à maioria, porém, outros querem por eles. Que outros queiram por eles significa que eles existem apenas como objeto, e não como sujeito de seleção.

É a marca da era técnica e antropotécnica que os homens mais e mais se encontrem no lado ativo ou subjetivo da seleção, ainda que não precisem ter se dirigido voluntariamente para o papel do selecionador. Pode-se ademais constatar: há um desconforto no poder de escolha, e em breve será uma opção pela inocência recusar-se explicitamente a exercer o poder de seleção que de fato se obteve.[13] Mas tão logo poderes de conhecimento se desenvolvam positivamente em um campo, as pessoas farão uma má figura se – como na época de uma anterior incapacidade – quiserem deixar agir em seu lugar um poder mais elevado, seja ele Deus, o acaso, ou os outros. Já que as meras recusas ou abdicações costumam falhar devido a sua esterilidade, será provavelmente importante, no futuro, assumir

---

13. Cf. Peter Sloterdijk, *Eurotaoismus. Zur Kritik der politischen Kinetik*, Frankfurt, 1989 (considerações sobre éticas dos atos de omissão e "freios" como função progressiva).

de forma ativa o jogo e formular um código das antropotécnicas. Um tal código também alteraria retroativamente o significado do humanismo clássico – pois com ele ficaria explícito e assentado que a *humanitas* não inclui só a amizade do ser humano pelo ser humano; ela implica também – e de maneira crescentemente explícita – que o homem representa o mais alto poder para o homem.

Nietzsche já tinha algo disso em mente quando ousou designar-se a si mesmo, tendo em vista as consequências futuras de seu pensamento, como uma *force majeure*. Podemos deixar de lado a irritação provocada mundo afora por essa observação, já que falta ainda muito tempo – séculos, se não milênios – para o julgamento adequado de tais pretensões. Quem teria fôlego suficiente para imaginar uma época do mundo em que Nietzsche será tão histórico como Platão o era para Nietzsche? Basta que tenhamos a noção de que as próximas grandes etapas do gênero humano serão períodos de decisão política quanto à espécie. Nelas se revelará se a humanidade ou suas elites culturais conseguirão pelo menos encaminhar procedimentos efetivos de autodomesticação. Na própria cultura contemporânea trava-se uma luta titânica entre os impulsos domesticadores e os bestializadores, e seus respectivos meios de comunicação. Seria surpreendente a obtenção de sucessos mais significativos no campo da domesticação, diante de um processo de civilização em que uma onda desinibidora sem precedentes avança de forma aparentemente irrefreável.[14] Se o desenvolvimento a longo prazo também conduzirá a uma reforma genética das características da espécie – se uma antropotecnologia futura avançará até um planejamento explícito de características, se o gênero humano poderá levar a cabo uma comutação do fatalismo do nascimento ao nascimento opcional e à seleção pré-natal[15] – nestas perguntas, ainda que de maneira obscura e incerta, começa a abrir-se à nossa frente o horizonte evolutivo.

Pertence à rubrica da *humanitas* que os homens devam enfrentar problemas demasiado difíceis para eles, e que essa dificuldade não lhes possa servir de pretexto para deixar esses problemas intocados. Esta provocação da natureza humana pelo inevitável, que ao mesmo tempo é o insolúvel, já deixou um rastro

---

14. Refiro-me aqui à onda de violência que presentemente irrompe nas escolas em todo o mundo ocidental, em especial nos Estados Unidos, onde os professores começam a instalar sistemas de segurança contra estudantes. Assim como na Antiguidade o livro perdeu a luta contra os teatros, hoje a escola poderá ser vencida na batalha contra as forças indiretas de formação, a televisão, os filmes de violência e outras mídias desinibidoras, se não aparecer uma nova estrutura de cultivo capaz de amortecer essas forças violentas.
15. Falando em termos gerais: à manipulação dos riscos biológicos; uma formulação complementada.

inesquecível nos primórdios da filosofia europeia – e talvez a filosofia, na acepção mais ampla, seja ela própria esse rastro. Depois do que foi dito, já não é muito surpreendente que esse rastro se mostre em especial como um discurso sobre a guarda e a criação dos homens. Platão, no seu diálogo *O Político* – que de bom grado se poderia traduzir por *O Estadista* – propôs a *Carta Magna* de uma politologia pastoral europeia. Esse texto não é importante apenas porque nele se mostra de modo mais claro que em qualquer outro o que a Antiguidade efetivamente entendia por pensar – a obtenção da verdade pela cuidadosa divisão ou destrinchamento de complexos de coisas ou conceitos. Sua posição incomensurável na história do pensamento sobre o ser humano reside acima de tudo no fato de que ele foi conduzido à maneira de uma conversação de trabalho entre criadores – e não por acaso com a participação de personagens atípicos em Platão: um estrangeiro e um Sócrates mais jovem, como se a admissão a conversações desse tipo não fosse de início permitida ao comum dos atenienses – como também porque se trata de selecionar um estadista como não existe em Atenas, e criar um povo como ainda não se encontrava em nenhuma cidade empírica. Esse estrangeiro e seu interlocutor, Sócrates o Jovem, dedicam-se, assim, à insidiosa tentativa de submeter a política futura, ou a arte de pastorear a cidade, a regras racionais transparentes.

Com esse projeto, Platão cria um desassossego intelectual no parque humano que nunca mais pôde ser completamente apaziguado. Desde *O Político*, e desde *A República*, correm pelo mundo discursos que falam da comunidade humana como um parque zoológico que é ao mesmo tempo um parque temático; a partir de então, a manutenção de seres humanos em parques ou cidades surge como uma tarefa zoopolítica. O que pode parecer um pensamento sobre a política é, na verdade, uma reflexão basilar sobre regras para a administração de parques humanos. Se há uma dignidade do ser humano que merece ser trazida ao discurso de forma conscientemente filosófica, isso se deve sobretudo ao fato de que as pessoas não apenas são mantidas nos parques temáticos políticos, mas porque se mantêm lá por si mesmas. Homens são seres que cuidam de si mesmos, que guardam a si mesmos, que – onde quer que vivam – geram a seu redor um ambiente de parque. Seja em parques municipais, nacionais, estaduais, ecológicos – por toda parte os homens têm de decidir como deve ser regulada sua automanutenção.

No que concerne agora ao jardim zoológico platônico e suas novas instalações, trata-se acima de tudo de verificar se entre a população e a administração existe uma diferença apenas de grau, ou uma diferença de espécie. Na primeira hipótese, a distância entre os guardiães de homens e seus protegidos seria só acidental e pragmática, e poder-se-ia então adjudicar ao rebanho a faculdade de eleger periodicamente seus pastores. Se existir, porém, uma diferença de espécie entre dirigentes e simples moradores do zoológico, então eles seriam tão fundamentalmente distintos uns dos outros que não seria aconselhável que a administração fosse eleita, mas sim que se baseasse na sabedoria. Só os falsos diretores de zoológico, os pseudoestadistas e os sofistas políticos fariam campanha argumentando que são do mesmo tipo que o rebanho, ao passo que o verdadeiro criador se apoiaria na diferença e daria a entender discretamente que ele, porque age com base na sabedoria, está mais próximo dos deuses que os confusos seres vivos de que toma conta.

O perigoso interesse de Platão por temas arriscados atinge o ponto cego de toda as pedagogias e políticas da alta cultura – a presente desigualdade dos seres humanos quanto ao conhecimento que gera poder. Sob a forma lógica de um grotesco exercício de definição, o diálogo de *O Político* desenvolve os preâmbulos de uma antropotécnica política; trata--se ali não apenas da condução domesticadora de rebanhos já por si dóceis, mas de uma neocriação sistemática de exemplares humanos mais próximos dos protótipos ideais. O exercício começa tão comicamente que mesmo o final bem menos divertido ainda poderia facilmente conduzir ao riso. Que há de mais grotesco que a definição da política como uma disciplina que, dentre os seres que vivem em rebanhos, trata dos que se locomovem com os pés? – pois os líderes de humanos não praticam sabe Deus qual criação de animais aquáticos, mas a criação de animais que se movem em terra. Dentre esses seres criados em terra devem-se separar os alados dos não alados que andam com os pés, se quisermos chegar às populações humanas, às quais sabidamente faltam penas e asas. O estrangeiro no diálogo de Platão acrescenta, então, que essa população que se move com os pés, dentre os animais mansos por natureza, divide-se mais uma vez em duas subclasses claramente distintas – a saber, "que alguns, por sua espécie, são desprovidos de chifres, e outros os trazem". A bom entendedor meia palavra basta. A essas duas classes correspondem mais uma vez dois tipos de arte de pastoreio, isto é, pastores de rebanhos de criaturas com cornos e pastores daqueles sem cornos – e deveria estar claro que só chegaremos aos verdadeiros condutores de grupos humanos se excluirmos os pastores de corníferos. Pois, se pretendêssemos que pastores de gado com chifres cuidassem de homens, que poderíamos esperar senão usurpações por pastores inadequados e ilusoriamente adequados? Os bons reis, ou *basileis*, diz o estrangeiro, apascentam, consequentemente, um rebanho mocho, sem chifres (*O Político*, 265 d). Mas isso não é tudo: sua tarefa, além do mais, é cuidar de seres vivos que se acasalam sem mistura – quer dizer, criaturas que não copulam com outras de outra espécie, como costumam fazer, por exemplo, cavalos e asnos; eles têm, portanto, de zelar pela endogamia e procurar impedir o abastardamento. Se acrescentarmos, por fim, a esses seres não alados, sem chifres, que só se acasalam com seus semelhantes, a característica de serem bípedes – em termos mais modernos: o andar ereto – então a arte de pastoreio que se aplica a bípedes não alados, sem chifres e que se acasalam sem mistura já estará assim bastante bem selecionada como a verdadeira arte, e estabelecida contra todas as competências ilusórias. Essa precavida arte do pastoreio deve, por sua vez, dividir-se agora novamente na que se exerce de forma violenta e tirânica, e na que se exerce por espontânea vontade. Se a forma tirânica, por seu turno, for excluída como falsa e ilusória, resta então a genuína arte da política: ela é definida como "o cuidado voluntariamente oferecido… de rebanhos de seres vivos que o aceitam voluntariamente" (*O Político*, 276 e).[16]

---

16. Intérpretes de Platão como Popper escamoteiam de bom grado em sua leitura essa dupla ocorrência de "voluntariamente".

Até este ponto, Platão havia acomodado toda sua teoria da arte do estadista a imagens de pastores e rebanhos, e selecionado, em meio a dúzias de imagens enganosas dessa arte, a única imagem verdadeira, a ideia autêntica, do assunto colocado em questão. Agora, porém, já que a definição parece estar concluída, o diálogo salta repentinamente para outra metáfora – isso acontece, porém, como veremos, não para abandonar o que se conquistou, mas para apreender ainda mais vigorosamente, a partir de um deslocamento de ponto de vista, a parte mais árdua da arte de pastorear homens, o controle dos criadores sobre a reprodução. Aqui cabe a famosa analogia do estadista com o tecelão. Pois o fundamento real e verdadeiro da arte régia não está localizado, para Platão, no voto dos concidadãos que concedem ou negam a seu bel-prazer sua confiança ao político; tampouco se localiza em privilégios herdados ou novas pretensões. A razão pela qual o senhor platônico é um senhor reside apenas em um conhecimento régio da arte da criação; em uma perícia, portanto, das mais raras e refletidas. Emerge aqui o fantasma de uma reinado de peritos, cujo fundamento de direito baseia-se no conhecimento de como as pessoas devem ser classificadas e combinadas, sem jamais causar dano à sua natureza de agentes voluntários. Pois a antropotécnica régia exige do estadista que ele saiba como entrelaçar da maneira mais efetiva as características mais favoráveis à comunidade de pessoas voluntariamente dóceis, de forma que sob sua direção o parque humano alcance a melhor homeostase possível. Isso ocorre quando os dois *optima* relativos do caráter humano, a coragem bélica de um lado, a reflexão humano-filosófica de outro, são entremeados com a mesma força no tecido da comunidade.

Como, porém, ambas as virtudes em sua unilateralidade podem produzir degenerações específicas – a primeira, a beligerância militarista, seguida de suas consequências devastadoras para as pátrias; a segunda, o retraimento dos habitantes calmos e de espírito cultivado do país, que podem se tornar tão tíbios e distantes do Estado que ingressam na servidão sem percebê-lo – o estadista deve, por isso, desenredar as naturezas inadequadas antes de começar a tecer o Estado com as adequadas. Só com as naturezas nobres e livres restantes é que se gera o bom Estado – no qual os corajosos servem como os fios mais rudes da urdidura e os ajuizados, como a "textura mais fofa, mais suave, à maneira da trama" – como nas palavras de Schleiermacher – poder-se-ia dizer, de forma um tanto anacrônica, que os ajuizados ingressam no negócio da cultura.

É isto, portanto, que queremos designar como o acabamento do tecido da ciência política aplicada, que é criada por uma intertextura direta das naturezas corajosas e das ponderadas, sempre que a ciência régia tiver levado ambos os espíritos à comunhão um com o outro por meio do acordo e da amizade, e formado o mais esplêndido e mais excelente de todos os tecidos sociais possíveis, abrangendo nele todos os restantes habitantes dos estados, escravos e homens livres, que nesse tecido se mantêm unidos...

(O Político, 311 b, c)

Para o leitor moderno – que lança um olhar retrospectivo para os ginásios humanistas da era burguesa e para a eugenia fascista, ao mesmo tempo em que também já espreita a era biotecnológica – é impossível desconhecer o caráter explosivo destas considerações. O que Platão enunciou pela boca de seu estrangeiro é o programa de uma sociedade humanista que se encarna em um único humanista pleno, o senhor da arte régia do pastoreio. A tarefa desse super-humanista [*Über-Humanisten*] não é nada menos que o planejamento das características de uma elite que deve ser especificamente criada em benefício do todo.

Resta considerar uma complicação: o pastor platônico só é um pastor digno de credibilidade porque encarna a imagem terrena do único e originalmente verdadeiro pastor – do deus que, no início dos tempos, sob o reinado de Cronos, havia cuidado diretamente dos homens. Não se pode esquecer de que também em Platão apenas Deus é levado em conta como o guardião e criador original dos seres humanos. Agora, contudo, depois da grande revolução (*metabole*), quando, sob o reinado de Zeus, os deuses se retiraram e deixaram aos homens os cuidados de sua própria guarda, restou o sábio como o mais digno guardião e criador, em quem está mais vívida a lembrança das visões celestiais do que é o melhor. Sem o modelo do sábio, o cuidado do homem pelo homem permanece uma paixão vã.

Dois mil e quinhentos anos depois da tecedura de Platão, parece que agora não só os deuses, mas também os sábios se retiraram, deixando-nos sozinhos com nossa ignorância e nosso parco conhecimento das coisas. O que nos restou no lugar dos sábios são seus escritos, com seu brilho áspero e sua crescente obscuridade; eles ainda continuam à disposição em edições mais ou menos acessíveis, e ainda poderiam ser lidos, se ao menos os homens soubessem por que ainda deveriam lê-los. É seu destino se enfileirarem em quietas estantes, como posta-restante que ninguém mais vai buscar – imagens ou miragens de uma sabedoria na qual os contemporâneos já não conseguem acreditar –

enviadas por autores dos quais não mais sabemos se ainda podem ser nossos amigos.

Correspondências que não vão mais ser entregues deixam de ser mensagens para possíveis amigos e transformam-se em objetos arquivados. Também o fato de que os livros paradigmáticos de outrora foram deixando cada vez mais de ser cartas a amigos, e de que não mais repousem sobre as mesas de sala e de cabeceira de seus leitores, mas estejam submersos na intemporalidade dos arquivos – também isso retirou do movimento humanista a maior parte de sua energia de outrora. É cada vez mais raro que os arquivistas desçam até os antigos textos para procurar os primeiros comentários sobre questões modernas. Talvez ocorra de vez em quando que em tais pesquisas nos porões mortos da cultura os documentos há muito não lidos comecem a cintilar, como se, sobre eles, tremulassem raios distantes. Poderá também o porão dos arquivos tornar-se clareira? Tudo sugere que arquivistas e arquivologistas tenham se tornado os sucessores dos humanistas. Para os poucos que ainda frequentam os arquivos, é difícil evitar a impressão de que nossa vida é a confusa resposta a indagações de cuja origem há muito nos esquecemos.

Posfácio

O texto aqui apresentado como publicação independente teve o desagradável privilégio de servir de ponto de partida para um acirrado e controvertido debate público na Alemanha durante os meses de setembro e outubro de 1999. Reconhecendo o fato de que, num caso como esse, o interesse público deve prevalecer sobre os direitos do autor, e que um ensaio inacabado tornara-se um documento no qual, dadas as circunstâncias, não faria sentido tocar, renunciei a meu interesse em desenvolver e polir o texto, mantendo-o palavra por palavra na forma em que o alarme o surpreendeu – exceto por algumas correções estilísticas de pouca importância. Em tal situação, compreendo as objeções daqueles que censuram certas elipses e abreviações em meu texto e insistem em um maior detalhamento. Posso igualmente aceitar as repreensões dos que me dizem que deveria ter dado mais atenção a pontos que dão margem a mal-entendidos. É, porém, uma conhecida fraqueza de escritor não se orientar, ao escrever, pelos maus entendedores habituais ou profissionais. Alguns dos meios de comunicação sérios da República Federal da Alemanha, não obstante, deram provas de que formas objetivas de argumentação podem ser defendidas mesmo em face de um jornalismo que explicitamente incita o escândalo.

Não se pode, porém, deixar de mencionar os graves sintomas na direção contrária. A irrupção do tabloide no suplemento cultural – organizada pelos insuspeitos de praxe – é um fenômeno de crise que revela uma poderosa tendência na mídia de reorientar-se das produções informativas para as produções sensacionalistas. Em vez de promover distinções, essa facção da imprensa vê chegada sua oportunidade de deflagrar, pelo jornalismo provocativo, psicoses de massa simplificadoras.

Esse excesso não é de surpreender: o tema de que tratara meu discurso – o perigoso fim do humanismo literário enquanto utopia da formação humana por meio de práticas de escrita e de leitura que promovam a atitude paciente e que eduquem para se julgar com circunspecção e manter os ouvidos abertos – ficou mais uma vez manifesto de forma exemplar por ocasião dessa conferência: veja-se Die Zeit *de 23 de setembro de 1999.*

O leitor deve ser informado de que essa palestra foi inicialmente apresentada em 15 de junho de 1997 na cidade de Basileia, como parte de um ciclo de conferências sobre a atualidade do humanismo, em uma matinê literária realizada diante de grande público. Essas circunstâncias esclarecem tanto o tom da palestra quanto a seletividade de suas ênfases, já que – depois de doze exposições precedentes (entre outras, as de Joachim Gauck, Vittorio Hösle, Elisabeth Bronfen, Vittorio Lampugnani, Wolfgang Rihm e Annemarie Schimmel) – eu podia pressupor, da parte dos ouvintes, uma ampla visão de conjunto do tema e uma aguçada percepção das diversas possibilidades de abordá-lo. Nada disso vale mais para a recepção agora forçosamente descontextualizada de meu texto. Quando repeti essa palestra, com algumas modificações, em julho de 1999 no colóquio de Elmau dedicado a Heidegger e Lévinas, na presença de teólogos e filósofos de Israel, da França, dos Estados Unidos, da Argentina e Alemanha, pude partir da suposição de que esse grupo iria entender os dois aspectos técnicos interessantes da conferência – a dedução midiática e gramatológica da humanitas *e a revisão histórica e antropológica do motivo heideggeriano da clareira (a inversão parcial da relação entre ôntico e ontológico) – como um estímulo, no contexto profissional. Minha expectativa não se frustrou com relação aos especialistas, mas sim quanto a alguns jornalistas que por acaso estavam presentes e que, nada percebendo da lógica da comunicação, reconheceram em seu vocabulário uma oportunidade para uma reportagem denunciatória.*

O resto da história constitui o assim chamado "debate Sloterdijk" (ou o "escândalo Sloterdijk-Habermas", como é chamado na França) – para o qual eu mesmo não quero contribuir com mais nada, exceto a observação de que ele comprova a força destrutiva da descontextualização.

Em apenas um ponto desejo alertar para uma estratégia despudorada dos maus leitores: eu apontei, em uma passagem fortemente visada (pp. 46-47), alguns problemas que podem ser levantados quanto aos desdobramentos futuros da espécie decorrentes da emergência das novas possibilidades de intervenção biotécnica. Levantei ali a questão de se, a longo prazo, algo como um planejamento explícito de características no plano da espécie seria de algum modo possível, e se o nascimento opcional (com sua contrapartida, a seleção pré-natal) poderia se tornar uma nova prática em assuntos de reprodução, no âmbito de toda a espécie (essa expressão "no âmbito de toda a espécie" não deve aqui passar em branco, pois a seleção pré-natal enquanto direito ao aborto por indicação médica já faz parte, na Europa e nos Estados Unidos, dos padrões culturais juridicamente esclarecidos, apesar da contestação dos católicos) – e na mesma passagem acrescentei que é sob a forma de questões temerárias como essa que se descortina à nossa frente o horizonte evolucionário. Essas questões foram transformadas por alguns jornalistas em prescrições.

Minha palestra de Basileia / Elmau, após ter sido colocada à disposição do público em diversos endereços na Internet, foi publicada em francês no periódico Le Monde des Débats *(outubro de 1999). Entre a metade de setembro e 1º de outubro, a página na Internet que, além do texto da palestra, oferecia alguns documentos adicionais para se compreender o pano de fundo da discussão, recebeu 60.000 consultas.**

P. S.

---

* O *Le Monde des Débats* de novembro de 1999 traz um extenso dossiê sobre a polêmica. O site ao qual alude o autor (www.rightleft.net) foi descontinuado. O texto original alemão poderá ser encontrado no endereço www.menschenpark.de [N.E.]

ESTE LIVRO FOI COMPOSTO EM ADOBE
GARAMOND CORPO 13 POR 17 E IMPRESSO
SOBRE PAPEL OFFSET 90 g/m^2 NAS OFICINAS
DA ASSAHI GRÁFICA, SÃO BERNARDO DO
CAMPO-SP, EM AGOSTO DE 2018